# Leoncavallo: I Pagliacci
## (Los Payasos)

Opera en Dos Actos

&

Traducción al Español y Comentarios
por E. Enrique Prado

&

Jugum Press

Primera edición impresa: Octubre de 2016
ISBN-13: 978-1-939423-48-1

ISBN-10: 1-939423-48-1

Estudio de Compositor Ruggiero Leoncavallo
Por Wikimedia Commons – por fotógrafo desconocido
https://commons.wikimedia.org/wiki/File%3ALeonkavallo_Postcard-1910.jpg
(en el dominio público en los Estados Unidos y otros países.)

Impreso en los Estados Unidos de América
Publicado por Jugum Press
www.jugumpress.com

Edición y diseño:
Annie Pearson, Jugum Press
Consultas y correspondencia:
jugumpress@outlook.com

# Índice

Prefacio ❧ I Pagliacci ................................................5

Sinopsis ❧ I Pagliacci ...............................................7

Reparto ❧ I Pagliacci ...............................................9

Prologo........................................................ 11

Acto Segundo............................................ 31

Biografia de Ruggiero Leoncavallo ........................... 43

Acerca de Estas Traducciones................................. 45

Jugum Press y Traducciones de Ópera .................... 46

# Prefacio & I Pagliacci

Ruggiero Leoncavallo autor de ésta ópera nació en Nápoles el 1857, hijo de un magistrado de policía. Estudió en el Conservatorio de Nápoles bajo la dirección de Rota y Rossi.

Su carrera comenzó siendo pianista de un bar, después maestro de piano y llegó a ser el director de la Banda Militar Egipcia. Posteriormente fue proveedor de la opera de la corte del Kaiser.

Junto con Pietro Mascagni, Leoncavallo es uno de los grandes exponentes del "Verismo" italiano que demanda de la opera: verdad pasión y suspenso así como una realista crítica de las costumbres de la sociedad contemporánea. El estilo de Leoncavallo fue claramente influenciado por la obra del periodo intermedio de Verdi y por la *Carmen* de Bizet.

En 1890, Leoncavallo de 33 años tomó parte con *I Pagliacci* en el concurso para autores jóvenes organizado por Edoardo Sonzogno un editor de Milán. La representación de la opera el 21 de Mayo de 1892 en el Teatro dal Verme en Milán, tuvo un enorme éxito bajo la dirección del joven Arturo Toscanini. En el mismo año la opera se presentó con gran éxito en Viena. En 1893 la obra fue representada en alemán en la Haus am Ring teniendo sensacional éxito, hubo cena de gala para Leoncavallo.

Actualmente *I Pagliacci* se presenta con regularidad junto con *Cavalleria Rusticana* de Pietro Mascagni.

La ópera se inicia con un prólogo en el cual Tonio habla por Leoncavallo: "Hoy el poeta presenta ante ustedes en nuestro escenario una verdadera representación de la vida" Luego relata a la audiencia en forma general el tema de la obra, haciéndole ver que la obra está basada en hechos de la vida real.

Traducción y comentarios por
E. Enrique Prado Alcalá
Tepoztlán

# Sinopsis &co; I Pagliacci

## ACTO PRIMERO

Un grupo de actores ambulantes liderados por Canio, su joven y bella esposa Nedda, Beppe y el deforme Tonio, arriban a la plaza de un pueblo ante el asombro y alegría de los lugareños. La primera función será esa noche a las veintitrés horas. Canio quien se hizo cargo de Nedda desde que la encontró huérfana y vagando por una calle, dada la diferencia de edades, siempre la vigila celoso.

Tonio el deforme personaje, no pierde la esperanza de que Nedda algún día haga caso a sus proposiciones amorosas.

Algunos lugareños van con Canio y Beppe a la taberna del pueblo en donde bromean a aquel en relación con sus celos. Canio jura que matará a Nedda si le llega a ser infiel. Nedda está enamorada de Silvio un joven del pueblo. Tonio al ver que Nedda se queda sola intenta propasarse y ella lo golpea con un látigo. Él se marcha jurando vengarse.

Silvio llega con Nedda para ponerse de acuerdo para fugarse esa noche. Tonio los escucha y corre a avisar a Canio, quien llega y persigue sin éxito a Silvio. Canio trata sin lograrlo, de obtener de Nedda el nombre del fugitivo.

## ACTO SEGUNDO

*El primitivo escenario es montado en la plaza del pueblo.*

En la noche llegan los espectadores a tomar asiento, entre ellos Silvio. La obra que se presenta trata de Colombina, una actriz a quien le ocurre en escena lo narrado en el primer acto Durante la representación cuando Pagliaccio (Canio) regresa no sabe distinguir entre la realidad y la ficción y exige a Colombina (Nedda) le revele el nombre de su amante, cuando ella se niega, él furioso la apuñala, Silvio corre a ayudarla y también es herido de muerte por Canio. Ambos amantes mueren y Canio que queda inmóvil y estupefacto es detenido por la gente, deja caer el puñal y exclama "La comedia è finita.

FIN

# Reparto ಶ I Pagliacci

**CANIO,** en la obra Pagliaccio, líder del grupo — Tenor
**NEDDA,** en la obra Columbina, esposa de Canio — Soprano
**TONIO,** en la obra Taddeo, un payaso — Barítono
**BEPPE,** en la obra Arlequín — Tenor
**SILVIO,** un lugareño
Aldeanos y niños

*Epoca: Domingo de Pascua*
*Luga: Montalto Calabria*

## Libreto ☙ I Pagliacci

# Prologo

*Vestido como Tadeo, entra abriendo el telón.*

**TONIO**

| | |
|---|---|
| Si può? | 1.  ¿Se puede? |
| Signore! Signori! | ¡Señoras y señores! |
| Scusatemi | Discúlpenme |
| Se da sol mi presento... | Si me presento solo... |
| Io sono il Prologo. | Yo soy el Prólogo. |

| | |
|---|---|
| Poiché in scena ancor | En la escena el autor |
| Le antiche maschere | ha traído de nuevo la antigua |
| Mette l'autore, | Comedia de las Máscaras |
| In parte ei vuol riprendere | Él quiere revivir |
| Le vecchie usanze, | las viejas costumbres |
| E a voi di nuovo inviami. | Y él me envía de nuevo a ustedes |
| Ma non per dirvi | pero no para decirles |
| Come pria: "Le lacrime | Como antes "¡Las lágrimas |
| Che noi versiam son false!" | que nosotros vertimos, son falsas!" |
| Degli spasimi | De los espasmos |
| E dei nostri martir | Y de nuestro martirio. |
| Non allarmatevi! | ¡No se alarmen! |

| | |
|---|---|
| No. L'autore ha cercato | No. El autor ha buscado |
| Invece pingervi | Una escena de la vida real |
| Uno squarcio di vita | y la toma como base. |
| Egli ha per massima | Él tiene como principio |
| Sol che l'artista è un uom | Solo que el artista es un hombre |
| E che per gli uomini | Y que para los hombres |
| Scrivere ei deve. | él debe escribir. |

**TONIO**

Ed al vero ispiravasi.
Un nido di memorie
In fondo a l'anima.

Cantava un giorno
Ed ei con vere lacrime
Scrisse e i singhiozzi
Il tempo gli battevano
Si come s'amano
Gli esseri umani
Vedrete de l'odio
I tristi frutti
Del dolor gli spasimi
Urli di rabbia,
Udrete, e risa ciniche!
E voi piuttosto
Che le nostre povere
Gabbane d'istrioni
Le nostr'anime
Considerate
Poiché siam uomini
Di carne e d'ossa
E che di quest'orfano
Mondo al pari
Di voi spiriamo l'aere!
Il concetto vi dissi
Or ascoltate
Com'egli è svolto
Andiam! Incominciate!

*(continuó)*

E inspirarse en hechos reales.
Un nido de recuerdos
desde el fondo de su alma.

Cantaba un día
Y el con lágrimas verdaderas
y sollozos para marcar el tiempo
Entonces verán amar
tal y come se aman
los seres humanos
Verán del odio
los tristes frutos
Del dolor los espasmos
Las expresiones de rabia.
¡Oirán la risa cínica!
Entonces piensen
que nuestros pobres
ropajes de actores
y nuestras almas
Y no olviden que somos
hombres de carne y hueso
¡Y de que nosotros también
respiramos el aire de éste
mundo solitario al igual que
que ustedes!
Les he platicado como
es nuestra obra.
Ahora escuchen su desarrollo.
¡Vamos! ¡Comencemos!

*Le escena es en cruce de caminos a la entrada de un pequeño poblado*
*en su calle central se aprecian arboles en cuyas ramas*
*se encuentran colgadas lámparas de papel.*
*A la derecha está un teatro ambulante,*
*con un anuncio burdamente pintado que anuncia:*
*"Gran Función ésta noche"*
LOS PAYASOS.

*Parte del telón del teatro se sontiene el las ramas de un arbol*
*y con una lona se cubre la entrada lateral al escenario.*

## ESCENA UNO

*Se abre el telón y se escucha el sonido de una desafinada*
*trompeta alternando con el sonar de un tambor*
*y con el ruido de risas y gritos de la gente*
*que se aproxima ataviada con vestidos de fiesta.*
*Tonio el tonto observa a la gente desde el teatro.*
*Es la media tarde de un caluroso dia de agosto.*

**HOMBRES Y MUJERES**
Son qua!
Ritornano...
Pagliaccio è la
Tutti lo seguono
Grandi e ragazzi
Ai motti, ai lazzi
Ed ei serio
Saluta e passa
E torna a battere
Sulla gran cassa.
In aria gittano
I lor capelli
Fra strida e sibili, diggià.

2. ¡Aquí están!
Han retornado...
Payaso está aquí.
Todos lo seguimos.
Adultos y niños
lo aplaudimos.
El serio, saluda y pasa
y golpea su gran tambor
con aire gitano.
Ellos avientan.
Sus sombreros
gritando y silbando.
Una vez más.

**NIÑOS**
Ei, sferza l'asino
Bravo Arlecchino!

3. Hey, azota al burro.
¡Bravo Arlequín!

**CANIO**
Itene al diavolo!

4. ¡Vete al diablo!

**PEPPE**
Tó biricchino!

5. ¡Toma, granuja!

*Entra corriendo por la izquierda*
*un grupo de niños.*

**NIÑOS**
Indietro, arrivano.

6. Atrás, que están llegando.

**CORO**
Ecco il carreto...
Che diavolerio.
Dio benedetto!

7. Aquí llega la carreta...
Cuanto diablillo.
¡Dios bendito!

*13*

*Arriba una pintoresca carreta multicolor tirada pór un asno
y guiada por Peppe en traje de Arlequín.
En el frente de la carreta Nedda recostada vistiendo ropa de gitana.
Atras de ella un gran tambor y atras va Canio
vestido de payaso llevando en la mano derecha una trompeta
y en la izquierda un mazo de madera.
Los lugare ños alegremente rodean la carreta.*

**TODOS**
Viva Pagliaccio!
Evviva! Il principe
Sei dé pagliacci
I guai discacci tu
Co 'l lieto amor
Evviva!

8.    ¡Viva Payaso!
Que viva el príncipe
de los payasos.
Tú quitas todas las penas
con tu alegre amor.
¡Viva!

**CANIO**
Grazie...

9.    Gracias...

**CORO**
Bravo...

10.   Bravo...

**CANIO**
Vorrei? ...

11.   ¿Puedo? ...

**CORO**
E lo spettacolo?

12.   ¿Y la función?

*Golpeando el tambor para pedir silencio.*

**CANIO**
Signori miei!

13.   ¡Señores míos!

**TODOS**
Uh, ci assorda! Finiscila!

14.   ¡Nos ensordeces! ¡Ya termina!

*Quitándose el sombrero con gesto cómico.*

**CANIO**
Mi accordan di parlar?

15.   ¿Me dejan hablar?

**TODOS**
Ah! Con lui si dee cedere
Tacere ed ascoltar.

*(Riendo.)*
16.   ¡Ah! Está bien
Nos callamos y escuchamos.

**CANIO**

Un grande spettacolo
A ventitré ore
Prepara il vostr'umile
E buon servitore
Vedrete le smanie
Del bravo Pagliaccio
E com'ei si vendica
E tende un bel laccio.

17.     Un gran espectáculo
A las veintitrés horas
Prepara su humilde
Y buen servidor
Verán los problemas
Del bravo Payaso
Y como él se venga
Y tiende un trampa.

*Hace una reverencia.*

Vedrete di Tonio
Tremar la carcassa
E quale matassa
D'intrighi ordirà
Venite, onorateci.
A ventitré ore!

Verán como tiembla Tonio
y cuantas intrigas
vilmente urdirá
Háganos el honor de venir
señoras y señores.
¡A las veintitrés horas!

**TODOS**

Verremo e tu serbaci!
Il tuo buon umore.
A ventitré ore!

18.     Vendremos y nos recibirás
con tu buen humor.
¡A las veintitrés horas!

*Tonio se acerca a Nedda para ayudarla a bajar
de la carreta pero Canio se le adelanta y le dice:*

**CANIO**

Via di li.

19.     Baja de ahí.

*La toma en brazos y la baja.*

**MUJERES**

Prendi questo, bel galante!

*Riendose de Tonio*
20.     ¡Ahí tienes eso, bello galán!

**NIÑOS**

Con salute!

21.     ¡Bravo galán!

*Tonio se disgusta y amenaza con los puños a los niños
y se retira gruñendo del escenario.*

**TONIO**

La pagherai... brigante!

22.     ¡Me la pagarán... vagos!

**UN ALDEANO**

Dí con noi vuoi bevere
Di vuoi tu?
Un buon bicchiere sulla crocevia?

**CANIO**

Con piacere.

*Tira enfrente del teatro un látigo que traia en la mano.*

**PEPPE**

Aspettami...
Anch'io ci sto!

**CANIO**

Di Tonio, vieni via?

**TONIO**

Io netto il somarello
Precedetemi

**UN ALDEANO**

Bada, Pagliaccio,
Ei solo vuol restare
Per far la corte a Nedda.

**CANIO**

Eh! Eh! Vi pare?
Un tal gioco credetemi
È meglio non giocarlo
Con me, miei cari, e a Tonio...
E un poco a tutti or parlo.
Il teatro e la vita
Non son la stessa cosa
E se lassù Pagliaccio
Sorprende la sua sposa
Col bel galante in camera
Fa un comico sermone
Poi si calma ed arrendesi
Ai colpi di bastone! ...
Ed il pubblico applaude,
Riddendo allegremente
Ma se Nedda sul serio
Sorprendessi... altramente...

*(A Canio.)*

23.  ¿Quieres tomar un trago
con nosotros?
¿Un vaso en el cruce?

24.  Será un placer.

25.  Espérenme...
¡También yo voy!

26.  ¿Tonio, vienes?

27.  Estoy atendiendo al burro
Adelántense.

28.  Cuidado, Payaso,
El solo quiere quedarse
Para cortejar a Nedda.

29.  ¡Si, si! ¿Te parece?
Tal juego créeme
Es mejor no jugarlo
Amigos, Tonio...
A todos les digo.
El teatro y la vida
No son la misma cosa
Y si acaso Payaso
sorprende a su esposa
Con un galán en su cuarto
Les hace un cómico sermón.
¡Después se calma y permite
que lo golpeen con un bastón! ...
Y el público aplaude,
Riendo alegremente.
Pero si a Nedda deberás la
sorprendiese...

**CANIO**

Finirebbe la storia
Com'è ver che vi parlo...
Un tal gioco, credetemi
È meglio non giocarlo.

*(continuó)*

La historia terminaría en forma
diferente. Deberás os lo digo...
Tal juego, créanme
Es mejor no jugarlo.

**NEDDA**

Confusa io son!

30.  ¡Estoy confusa!

**ALDEANOS**

Sul serio
Pigli dunque la cosa?

31.  ¿Pero en serio
     sospechas de ella?

**CANIO**

Io? ... Vi pare? ... Scusatemi...
Adoro la mia sposa.

32.  ¿Yo? ... ¿Te parece? ... Discúlpenme...
     Adoro a mi esposa.

*Canio besa a Nedda en la frente.*
*A lo lejos se oye música de flautas, todos corren a ver de que se trata.*

**NIÑOS**

I Zampognari! I Zampognari!

33.  ¡Los flautistas! ¡Los flautistas!

**HOMBRES**

Verso la chiesa
Vanno i compari.

34.  Hacia la iglesia
     van los amigos.

**LOS VIEJOS**

Essi accompagnano
La comitiva
Che a coppie al vespero
Sen va giuliva.

35.  Ellos acompañan
     la procesión
     de parejas
     que van alegres.

**MUJERES**

Andiam... la campana
Ci apppella al signore.

36.  Vamos... la campana
     Nos llama al señor.

**CANIO**

Ma poi... ricordatevi
A ventitré ore.

37.  Entonces... recuerden
     A las veintitrés horas.

*Los músicos llegan luciendo trajes de fiesta con flores y moños en sus sombreros.*
*Son seguidos por un grupo de aldeanos tambien luciendo trajes de fiesta.*
*La multitud que estaba ya en el escenario se une a la procesión*
*y todos siguen camino hacia la iglesia.*

**CORO**

Don din don, suona vespero,
Ragazze e garzon,
A coppie al tempio,
Ci affrettiam, din, don!
Diggià i culmini il sol
Vuol baciar.
La mamme ci adocchiano
Attenti compar.
Don, din, don, suona vespero,
Ragazze e garzon.

38. Don, din don, suenan las vísperas.
¡Muchachas y jóvenes
formen parejas que al templo
vamos din, don!
Que ya el sol quiere besar
la cúspide.
Sus mamás los vigilan
estén atentos.
Don, din, don, suenan las vísperas,
Muchachas y jóvenes.

*Durante este coro, Canio entra al teatro y se quita su traje de payaso.*
*Dice adios con la mano a Nedda y se va con Peppe y cinco aldeanos. Nedda se queda sola.*

**NEDDA**

Qual fiamma
Aveva nel guardo!
Gli occhi abbassai
Per tema ch'eí leggesse
Il mio pensier segreto.
Oh! S'ci mi sorprendesse
Brutale come egli é...
Ma basti, orvia.
Son questi sogni paurosi e folé! ...

39. ¡Tenia fuego
en la mirada!
Bajé mi mirada
por temor a que él leyese
mi secreto pensamiento.
Oh! Si me sorprendiera
Tan brutal como es él...
Pero basta, no más.
¡Son sueños de miedo y locos! ...

Che bel sole
Di mezz'agosto!
Io son piena di vita
E tutta illanguidita
Per arcano desio.
Non so che bramo!

¡Oh que bello sol
de medio agosto!
Estoy llena de vida
y tan lánguida
por un deseo secreto.
¡No sé lo que quiero!

*Mirando al cielo.*

Oh! Che volo d'augelli
E quante strida!
Che chíedon? Dove van?
Chissà... La mamma mia
Che la buona ventura annunziava.
Comprendeva il lor canto
E a me bambina così cantava.
Hui! Stridono lassù,
Liberamente
Lanciati a vol

¡Oh! ¡El vuelo de los pájaros
y cuanto trino!
¿Qué es lo que buscan? ¿A dónde van?
Quizás... mi mamá
que la buena ventura anunciaba.
Comprendía su canto
Y a mí su niña así cantaba.
Hui! Así trinó,
Libremente
Lánzate a volar

**NEDDA**

Come frecce, gli augei
Disfidano le nubi
E il sol cocente
E vanno, e vanno
Per le vie del ciel.

Lasciateli vagar
Per l'atmosfera
Questi assetati
D'azzurro e di splendor
Seguono anch'essi un sogno,
Una chimera
E vanno, e vanno
Fra le nubi d'or.
Che incalzi il vento
E latri la tempesta
Con l'ali aperte
San tutto sfidar
La pioggia, i lampi
Nulla mai li arresta
E vanno, e vanno
Sugli abissi e i mar
Vanno laggiù
Verso un paese strano
Che sognan forse
E che cercano invan.
Ma i boemi del ciel
Seguono l'arcano
Poter che li sospinge...
E van, è van...

*(continuó)*

como flecha
desafiando las nubes
y el quemante sol
y desaparece, desaparece
Por los caminos del cielo.

Déjenlo vagar
por la atmósfera
Siempre ansioso
del azul esplendor
el sigue también un sueño,
Una quimera
Que se desvanece
entre las nubes de oro.
Que refresca el viento
y agita la tempestad
Con las alas abiertas
Saben todo desafiar
La lluvia, el relámpago
Nada lo detiene
Se desvanece se desvanece
sobre los abismos y el mar
Se desvanece también
si va a un país extraño
con el cual ha soñado
y que busca en vano.
Pero las gitanas del cielo
siguen el antiguo
poder que las empuja...
hacia adelante, hacia adelante...

*Tonio ha llegado y recargado en un arbol ha escuchado toda la canción Nedda entonces lo vé.*

**NEDDA**

Sei lá. Credea
Che te ne fossi andato.

*(Contrariada.)*

40.  Allí estás. Yo creía
que te habías ido.

**TONIO**

È colpa del tuo canto
Affascinato
Io mi beava!

41.  ¡Es culpa de tu canto
que me ha fascinado
y me hizo feliz!

*19*

**NEDDA**
Ah! Quanta poesia!

**TONIO**
Non rider, Nedda...

**NEDDA**
Va, va all'osteria.

**TONIO**
So ben che difforme
Contorto son io;
Che desto soltanto
Lo scherno e l'órror.
Eppure ha l'pensiero
Un sogno, un desio
E un palpito il cor!
Allor che sdegnosa
Mi passi d'accanto
Non sai tu che pianto
Mi spreme il dolor
Perché mio malgrado
Subito ho l'incanto
M'ha vinto l'amor.

Oh! Lasciami... Lasciami
Or dirti...

**NEDDA**
Che m'ami?
Hai tempo a ridirmelo
Stassera, se il brami.

**TONIO**
Oh! Nedda!

**NEDDA**
Facendo le smorfie...
Colà, sulla scena.

**TONIO**
Non ride, Nedda!

*(Riendose.)*

42.  ¡Ah! ¡Cuánta poesía!

43.  No te rías, Nedda...

44.  Vete, vete a la hostería.

45.  Se bien que deforme
y contrahecho soy;
que solo despierto
escarnio y horror.
¡Pero en mi pensamiento
existe un sueño y un deseo
y palpitar en mi corazón!
Y cuando pasas desdeñosa
Tú no sabes que el llanto
y el dolor son supremos
Pero a pesar de todo
de pronto siento el encanto
de saber que el amor
me ha vencido.

*Se le acerca.*

¡Oh! Déjame... Déjame...
Decirte...

46.  ¿Qué me amas?
Ya tendrás tiempo de decírmelo
Esta noche, si quieres.

47.  ¡Oh! ¡Nedda!

48.  Cuando se mofen de ti...
en el escenario.

49.  ¡No te rías, Nedda!

**NEDDA**
Per ora tal pena
Ti puoi risparmiar.

**TONIO**
No, è qui che voglio dirtelo
E tu m'ascolterai.
Che t'amo e ti desidero
E che tu mia sarai!

**NEDDA**
Eh! Dite mastro Tonio
La schiena oggi vi prude
O una tirata
D'orecchi é necessaria
Al vostro ardor?

**TONIO**
Ti beffi? Sciagurata!
Per la croce di Dio
Bada che puoi
Pagarla cara!

**NEDDA**
Tu minacci? Vuoi
Che vada chiamar Canio?

**TONIO**
Non prima ch'io ti baci.

**NEDDA**
Bada!

**TONIO**
Oh, tosto sarai mia!

*Retrocediendo, mira el látigo, lo recoge y le dá un latigazo en el rostro.*

**NEDDA**
Miserabile!

**TONIO**
Ah! Per vergin pia
Di mezz'agosto
Nedda, lo giuro...
Me la pagherai! ...

50.   Por ahora
      te puedes ahorrar la pena.

51.   No, es aquí que quiero decírtelo
      y tú me escucharás.
      ¡Que te amo y te deseo
      y que tu mía serás!

52.   Deberás maestro Tonio
      Tienes prurito en la espalda
      ¿O un tirón
      de orejas es necesario
      para calmar tu ardor?

53.   ¿Te burlas? ¡Desgraciada!
      ¡Por la cruz de Dios
      cuídate que
      puedes pagarla cara!

54.   ¿Me amenazas? ¿Quieres
      que vaya llamar a Canio?

      *(Acercándosele.)*
55.   No antes de que te bese.

56.   ¡Ten cuidado!

      *(Avanzando y abriendo los brazos.)*
57.   ¡Pronto serás mía!

58.   ¡Miserable!

59.   ¡Ah! Por la virgen santa
      de agosto.
      ¡Te lo juro!...
      ¡Me la pagarás! ...

*Se vá amenazando.*

**NEDDA**

Aspide, val
Ti sei svelato ormai.
Tonio lo scemo!
Hai l'animo
Siccome il carpo tuo
Difforme... Lurido!

60. ¡Víbora, vete!
Te has puesto en evidencia.
¡Tonio el tonto!
Tienes la mente
como tu cuerpo
deforme... ¡Repulsivo!

## ESCENA TRES

*Trepando sigilosamente. El muro detras del teatro.*

**SILVIO**

Nedda!

61. ¡Nedda!

**NEDDA**

Silvio! ... a quest'ora
Che imprudenza...

62. ¡Silvio! ... A ésta hora.
Que imprudencia...

**SILVIO**

Ah, bah! Sapea.
Ch'io non rischiavo nulla.
Canio e Peppe
Da lunge a la taverna
Ho scorto!
Ma prudente
Per la macchia
A me nota qui ne venni.

63. ¡Ah! Debes saber.
Que no corro ningún riesgo.
Canio y Peppe
están en la taberna.
¡Desde lejos!
Con prudencia he venido
por el bosque
nadie lo ha notado.

**NEDDA**

E ancora un poco
In Tonio t'imbattevi.

64. Por poco
te topas con Tonio.

**SILVIO**

Oh! Tonio il gobbo!

*(Riendose.)*

65. ¡Oh! ¡Tonio el tonto!

**NEDDA**

Il gobbo è da temersi
M'ama... Or qui me'l disse...
E nel bestiale
Delirio suo, bacci chiedendo, ardia
Correr su me...

66. El tonto es de temerse
El me ama... aquí me lo ha dicho...
Y en su bestial
delirio trató de besarme
y corrió tras de mi...

**SILVIO**
Per Dio!

**NEDDA**
Ma con la frusta
Del cane immondo
La foga calmai.

**SILVIO**
E fra quest'ansie
In eterno vivrai?
Nedda! Nedda!
Decidi il mio destin.
Nedda, Nedda rimani!
Tu il sai, la festa ha fin
parte ognun domani
Nedda! Nedda!

E quando tu
Di qui sarai partita
Che addiverrà di me...
De la mia vita?

**NEDDA**
Silvio!

**SILVIO**
Nedda, rispondimi
Se è ver che Canio
Non amasti mai
Se è vero che t'è in odio
Il ramingar
È il mestier che tu fai.
Se l'immenso amor tuo
Fola non è
Questa notte partiam!
Fuggi Nedda con me

**NEDDA**
Non mi tentar!
Vuoi tu perder la vita mia?
Taci Silvio, non più...
È delirio... E follia!

67. ¡Por Dios!

68. Pero con el látigo
del inmundo perro
calmé el ardor.

69. ¿Y entre estas angustias
vivirás eternamente?
¡Nedda! ¡Nedda!
Decide mi destino.
¡Nedda, Nedda quédate!
¡Tú lo has dicho, se acabó la fiesta
y mañana todos se van
Nedda! ¡Nedda!

¿Y cuando tú
hayas partido de aquí
que será de mí...
y de mi vida?

70. ¡Silvio!

71. Nedda respóndeme
Si es verdad que a Canio
ya no lo amas
y si es verdad que odias
la vida errante
y el esfuerzo que tú haces.
¡Si tu inmenso amor
no es una ficción
Partamos ésta noche!
Huye Nedda conmigo.

72. ¡No me tientes!
¿Quieres arruinar mi vida?
Calla Silvio, no más...
Es delirio... ¡Es locura!

**NEDDA**

Io mi confido a te
Cui diedi il cor.
Non abusar di me
Del mio febbrile amor!
Non mi tentar!

*(continuó)*
Yo confió en ti
a quien he dado mi corazón.
¡No abuses de mí
De mi febril amor!
¡No me tientes!

*Aparece Tonio y los vé.*

**SILVIO**

No, più non m'ami!

73.    ¡No, ya no me amas!

**TONIO**

T'ho colta, sgualdrina!

74.    ¡Te pillé, ramera!

*Se va corriendo sin ser visto.*

**NEDDA**

Si, t'amo! T'amo!

75.    ¡Si te amo! ¡Te amo!

**SILVIO**

E parti domattina?
E allor perché dí,
Tu m'hai stregato
Se vuoi lasciarmi
Senza pietà?

Quel bacio tuo
Perché ma l'hai dato
Fra spasmi ardenti
Di voluttà?
Se tu scordasti
L'ore fugaci
Io non lo posso,
E voglio ancor.
Que' caldi baci
Che tanta febbre
M'han messo in cor!

76.    ¿Tú partes por la mañana?
Entonces dime porque
me has embrujado
¿Quieres dejarme
sin piedad?

(Porque me diste
aquellos besos
entre ardientes espasmos
Si ya olvidaste
las horas fugaces
Yo no puedo
Y quiero de nuevo
El ardiente éxtasis.
¡Los cálidos besos
y toda la fiebre
que me han llenado el corazón!

**NEDDA**

Nulla scordai
Sconvolta e turbata
M'ha questo amor
Che ne l'guardo ti sfavilla
Viver voglio

77.    No he olvidado nada
Confusa y turbada
que éste amor
que brilla en tu mirada
quiero vivir

**NEDDA**

A te avvinta affascinata
Una vita d'amor
Calma e tranquilla
A te mi dono
Su me solo impera
Ed io ti prendo
E m'abbandono intera.
Tutto scordiam!

**SILVIO**

Tutto scordiam!

**NEDDA Y SILVIO**

Negli occhi mi guarda!
Ti guardo, ti bacio
Tutto scordiam!

**SILVIO**

Verrai?

**NEDDA**

Si, baciami!
Si, mi guarda e mi bacia!
T'amo!

**SILVIO**

Si, ti guardo e ti bacio!
T'amo!

(continuó)

Junto a ti fascinada
una vida de amor
calmada y tranquila
A ti me entrego
Sobre mi tu reinas
y yo te tomo
y me abandono entera.
¡Olvidemos todo!

78.  ¡Olvidemos todo!

79.  ¡Mírame a los ojos!
¡Te miro, te beso
Olvidemos todo!

80.  ¿Vendrás?

81.  ¡Si, bésame!
¡Si me mira y me besa!
¡Te amo!

82.  ¡Si, te miro y te beso!
¡Te amo!

## ESCENA CUATRO

*Mientras Silvio y Nedda hablan se acercan al muro,
Canio y Tonio se acercan silenciosamente por la vereda.*

**TONIO**

Cammina adagio
E li sorprenderai.

83.  Camina despacio
y los sorprenderás.

*Canio avanza lentamente y desde donde está no puede ver a Silvio trepando al muro.*

**SILVIO**

Ad alta notte
Laggiù mi terrò
Cauta discendi
E mi ritroverai.

(*Con medio cuerpo al otro lado del muro.*)

84.  Al final de la noche
aquí estaré
baja con cautela
y me encontraras.

*Silvio desaparece, Canio se aproxima al ángulo del teatro.*

**NEDDA**
A stanotte
E per sempre tua sarò!

*(A Silvio.)*
85. ¡Hasta ésta noche
y por siempre tuya seré!

**CANIO**
Ah!

*(Que escuchó las últimas palabras.)*
86. ¡Ah!

**NEDDA**
Fuggi!

*(A Silvio.)*
87. ¡Huye!

*Canio llega al muro, Nedda trata de detenerlo pero no lo logra,*
*él salta el muro y corre detrar de Silvio. Tonio observa la escena.*
*Nedda pegada al muro trata de escuchar si hay ruidos de lucha y murmura.*

Aiutalo...
Signor!

Ayúdalo
¡Señor!

**CANIO**
Vile, t'ascondi!

*(Desde lejos.)*
88. ¡Cobarde, te escondes!

**TONIO**
Ah, ah, ah!

89. ¡Ja, ja, ja!

**NEDDA**
Bravo!
Bravo il mio Tonio!

*(A Tonio, con desprecio.)*
90. ¡Bravo!
¡Bravo mi Tonio!

**TONIO**
Fò quel che posso!

91. ¡Hice lo que pude!

**NEDDA**
È quel che pensavo!

92. ¡Fue como lo pensé!

**TONIO**
Ma di far assai meglio
Io non dispero...

93. Nunca te dije
que haría algo mejor...

**NEDDA**
Mi fai schifo e ribrezzo.

94. Me haces odiarte y despreciarte.

**TONIO**
Oh, non sai come
Lieto ne son.

95. ¡Oh, no sabes cómo
estoy contento!

*Canio regresa saltando el muro, muy pálido*
*y secandose el sudor con un pañuelo.*

**CANIO**

Derisione e scherno!
Nulla! Ei ben
Lo conosce quel sentiero.
Fa lo stesso;
Poiché del drudo il nome
Or mi dirai

**NEDDA**

Chi?

**CANIO**

Tu, pel Padre Eterno.

*Saca su puñal de la funda.*

E se in questo momento
Qui scannata
Non t'ho già
Gli è perché pria di lordarla
Nel tuo fetido sangue
O svergognata
Codesta lama
Io vo il suo nome. Parla!

**NEDDA**

Vano è l'insulto
È muto il labbro mio.

**CANIO**

Il nome, il nome!
Non tardare o donna!

**NEDDA**

No, nol dirò giammai...

**CANIO**

Per la Madonna!...

*(Con rabia.)*

96.  ¡Desprecio y escarnio!
     ¡Nada! El bien
     conoce ese sendero.
     No importa;
     porque del tipo en nombre
     tú me dirás.

97.  ¿De quién?

*(Furioso.)*

98.  Tú, por el Padre Eterno.

     Y si en éste momento
     no te cortó la garganta
     es porque no quiero ensuciar
     mi daga con tu vil sangre
     antes de que me digas
     su nombre.
     ¡Habla! ¡Desvergonzada!
     ¡Quiero su nombre! ¡Habla!

99.  Vanos son tus insultos
     Mis labios están mudos.

100. ¡El nombre, el nombre!
     ¡No te tardes mujer!

101. No, no, lo diré jamás...

*(Se le avalanza furioso con la daga en alto.)*

102. ¡Por la virgen!...

*Entra Péppe, le arrebata la daga a Canio y la lanza hacia los arboles.*

**PEPPE**

Padron! Che fate!
Per l'amor di Dio...
La gente esce di chiesa
E a lo spettacolo
Qui muove... andiamo...
Via, calmatevi...

**CANIO**

Lasciami Peppe.
Il nome, il nome!

**PEPPE**

Tonio,
Vieni a tenerlo
Andiamo, arriva il pubblico.

*Tonio detiene a Canio, Peppe voltea a Nedda.*

Vi spiegherete. E voi di li tiratevi,
Andatevi a vestir.
Sapete Canio
È violento ma buon...

*Salen.*

**CANIO**

Infamia! Infamia!

**TONIO**

Calmatevi padrone
È meglio fingere;
Il ganzo tornerà
Di me fidatevi
Io la sorveglio.
Ora facciam la recita.
Chissà che egli non venga
A lo spettacolo
E si tradisca!
Or via. Bisogna fingere
Per riuscir...

**PEPPE**

Andiamo, via vestitevi, Padrone...
E tu batti la cassa, Tonio...

103. ¡Patrón! ¿Qué estás haciendo?
Por el amor de Dios...
La gente sale de la iglesia
y a la función
se dirige... vamos...
Cálmate...

*(Forcejeando.)*

104. Déjame Peppe.
¡El nombre, el nombre!

105. Tonio,
Ven a detenerlo
Vamos, el público está llegando.

Contrólate, retírate,
Ve a vestirte.
Tú sabes que Canio
es violento pero bueno...

106. ¡Infamia! ¡Infamia!

107. Cálmate patrón
Es mejor fingir;
el tipo regresará
confía en mi
yo la vigilo.
Ahora comencemos la función.
¡Quizás él venga
a la función
y se traicione a si mismo!
Tú debes fingir
para tener éxito...

108. Vamos, Patrón, ve a vestirte...
Y tu Tonio, toca el tambor...

**CANIO**

Recitar!
Mentre preso dal delirio
Non so più quel che dico
E quel che faccio!
Eppur... è duopo... sforzati!
Bah, sei tu forse un uom?
Tu sé Pagliaccio!
Vesti la giubba
E la faccia infarina.
La gente paga
E rider vuole qua.
E se Arlecchin,
T'invola Colombina,
Ridi, Pagliaccio...
E ognun applaudirà!
Tramuta in lazzi lo spasmo
Ed il pianto;
In una smorfia
Il singhiozzo e l'dolor...
Ridi Pagliaccio,
Sul tuo amore infranto.
Ridi del duol
Che t'avvelena il cor!

109.　¡Actuar!
Mientras presa del delirio.
¡No sé lo que digo
ni lo que hago!
¡Y todavía... debo... esforzarme!
Bah! ¿Acaso eres un hombre?
¡Tú eres Payaso!
Viste el jubón
y polvéate la cara.
La gente paga
Y quiere reír.
Y si Arlequín,
te roba a Colombina,
Ríe, Payaso...
Y todos aplaudirán
Cambia por broma el espasmo
Y el llanto;
Y en un gesto
El sollozo y el dolor...
Ríe Payaso,
De tu amor perdido.
¡Ríe del dolor
que te envenena el corazón!

*Cae lentamente el telón.*

# Acto Segundo

*La misma escena del acto primero.*

ESCENA UNO

*Tonio aparece en un lado del teatro llevando el gran tambor
y se detiene a la izquierda del escenario.
Mientras tanto la gente está llegando al teatro
y Peppe acomoda bancos para las mujeres.*

**MUJERES**

Presto, affrettiamoci,
Svelto, compare,
Che lo spettacolo
Dee cominciare
Cerchiam di metterci
Ben sul davanti.

110. Rápido, apúrense
Vengan amigos
Que el espectáculo
va a comenzar
Busquemos lugares
bien adelante.

**TONIO**

Si dà principio.
Avanti! Avanti!

*(Tocando el tambor.)*
111. Vamos a comenzar.
¡Adelante! ¡Adelante!

**HOMBRES**

Veh, come corrono
Le bricconcelle!
Accomodatevi
Comari belle.
O Dio che correre
Per giunger tosto!

112. ¡Miren, como corren
las muchachas!
Acomódense
Bellas señoras.
¡Oh Dios qué carreras
para llegar primero!

*Silvio entra y se sienta al frente
y a la izquierda saludando a sus amigos.*

**MUJERES**

Ma no pigiatevi,
Pigliate posto!
Su, Peppe aiutaci...
V'è posto accanto!

113. ¡No empujen,
Tomen sus lugares!
¡Peppe, ayúdanos...
Hay un asiento cerca de ti!

*Nedda sale vestida de Colombina,*
*llevando un pocillo para colectar el dinero de las entradas.*

**CORO**
Suvvia, spicciatevi
Incominciate.
Perché tardate?
Siam tutti là.
Veh, si accapigliano!
Chiamano aiuto!
Ma vía, sedetevi
Senza gridar.

(A Peppe.)
114.  Apúrense.
     Comiencen.
     ¿Porque tardan?
     Estamos todos aquí.
     ¡Mira cómo se empujan!
     ¡Pidan ayuda!
     Siéntense
     Sin gritar.

**PEPPE**
Che furia, diavolo!
Prima pagate!
Nedda, incassate

115.  ¡Diablos, que furia!
     ¡Primero paguen!
     Nedda, cóbrales.

**SILVIO**
Nedda!

(Al pagarle a Nedda.)
116.  ¡Nedda!

**NEDDA**
Sii cauto!
Non t'ha veduto.

117.  ¡Ten cuidado!
     No te ha visto.

**SILVIO**
Verrò ad attenderti
Non obliar.

118.  Vendré a esperarte
     No lo olvides.

*Tratando de pagar al mismo tiempo.*

**TODOS**
Di qua! ... Di qua!

119.  ¡Aquí! ... ¡Aquí!

*Nedda después de cobrar regresa al teatro con Peppe.*

**CORO**
Questa commedia
Incominciate
Perché tardate?
Perché indugiar?
Facciamo strepito
Facciam rumore.
Ventitré ore
Suonaron già.

120.  Que comience
     La comedia
     ¿Porque tardan?
     ¿Porque se retrasan?
     Hagamos un estrépito
     Hagamos ruido.
     Ya son
     las veintitrés horas.

**CORO**

Allo spettacolo
Ognuno anela!

S'alza la tela!
Silenzio. Olà.

(*continuó*)
La función
¡Todos la queremos ya!

*A lo lejos se escucha una campana.*

¡Que se levante el telón!
Silencio.

## ESCENA DOS

*Se levanta el telón.*
*El escenario representa una pequeña habitación con dos puertas y una ventana al fondo.*
*Una mesa y dos toscas sillas.*
*Nedda vestida de Colombina ansiosa camina de un lado a otro.*

*Nedda (Colombina)*
*Peppe (Arlequin)*
*Canio (Payaso)*
*Tonio (Tadeo)*

**COLOMBINA**

Pagliaccio mio marito
A tarda notte sol tornerà.
E quello scimunito
Di Taddeo perché mai
Non è ancor qua?

121.   Payaso mi marido
Regresará tarde ésta noche.
¿Y el idiota
de Tadeo porque
no está aquí ya?

*Se escuchan los acordes de una guitarra afuera,*
*Colombina corre hacia la ventana impaciente.*

**VOZ DE ARLEQUIN**

Colombina,
Fido Arlecchin
È a te vicin!
Di te chiamando
E sospirando
Aspetta il poverin!
La tua faccetta mostrami
Ch'io vó baciar
Senza tardar
La tua boccuccia.
Amor mi cruccia
E mi sta a tormentar.

122.   ¡Oh Colombina,
Tu fiel Arlequín
Está cerca de ti!
Llamándote
Y suspirando
¡El pobrecito espera!
Muéstrame tu carita
Que quiero besar
sin tardanza
tu boquita.
El amor me mata
y me atormenta.

**VOZ DE ARLEQUIN**

O Colombina, schiudimi
Il finestrin,
Che a te vicin
Di te chiamando
E sospirando
È il pover Arlecchini!

**COLOMBINA**

Di fare il segno
Convenuto appressa l'istante
Ed Arlecchino aspetta!

*(continuó)*

O Colombina, ábreme
la ventanita,
que cerca de ti
está llamándote
y suspirando
¡El pobre Arlequín!

123. ¡De hacerle la señal
convenida se acerca el instante
Y Arlequín está esperando!

*Ella se sienta dándole la espalda a la puerta de la derecha.*
*Esta se abre y entra Tadeo en ropa de sirviente llevando*
*una canasta en su brazo izquierdo.*
*Se detiene para mirar a Nedda con aire trágico.*

**TADDEO**

È dessa!
Dei, com'è bella!
Se a la rubella
Io disvelassi l'amor mio
Che commuove fino i sassi!
Lungi è lo sposo
Perché non oso!
Soli noi siamo
E senza alcun sospetto!
Orsù, proviamo! Ah!

124. ¡Es ella!
¡Cielos, que bella es!
¡Si le pudiera
Revelar mi amor
que puede mover piedras!
¡Su esposo está lejos
porque no atreverme!
¡Nosotros estamos solos
Nadie puede sospechar!
¡Entonces, probemos! ¡Ah!

**COLOMBINA**

Sei tu, bestia?

125. ¿Eres tú, bestia?

**TADDEO**

Quell'io son, si!

126. ¡Si soy yo!

**COLOMBINA**

E Pagliaccio è partito?

127. ¿Ya partió Payaso?

**TADDEO**

Egli parti!

128. ¡El partió!

**COLOMBINA**

Che fai così impalato?
Il pollo hai tu comprato?

129. ¿Qué haces ahí parado?
¿Has comprado el pollo?

**TADDEO**
Ecco, vergin divina!

130. ¡Aquí, está virgen divina!

*Se arrodilla ante ella y le ofrece la canasta.*

Ed anzi, eccoci entrambi
Ai piedi tuoi
Poichè l'ora è suonata
O Colombina
Di svelarti il mio cor.
Dí, udirme vuoi?
Dal di...

Aquí estoy,
a tus pies
Porque la hora ha sonado
Oh Colombina
De mostrarte mi corazón.
¿Quieres oírme?
Desde el día...

*Colombina va a la ventana y hace una señal.*

**COLOMBINA**
Quanto spendesti dal trattore?

(Tomando la canasta.)
131. ¿Cuánto gastaste en la tienda?

**TADDEO**
Una e cinquanta.
Da quel di il mío core...

132. Uno y cincuenta.
Desde aquel día mi corazón...

**COLOMBINA**
Non seccarmi Taddeo!

133. ¡No me molestes Tadeo!

*Arlequín entra por la ventana,
asienta en el piso una botella de vino y se dirige a Tadeo.*

**TADDEO**
So che sei pura
E casta al par di neve
E ben che dura
Ti mostri, ad obliarti non riesco!

134. ¡Sé que eres pura
Y casta como la nieve
Y aunque seas dura conmigo,
puedo olvidarte!

*Toma a Tadeo por una oreja,
le da una patada y lo obliga a levantarse.*

**ARLEQUIN**
Va a pigliar fresco!

135. ¡Ve a tomar el fresco!

**TADDEO**
Numi! S'aman.
M'arrendo ai detti tuoi.
Vi benedico.
Là... veglio su voi!

136. ¡Cielos! Ellos se aman.
Me rindo a tus palabras.
Te bendigo.
¡Los estaré vigilando!

*Tadeo sale y la gente rie y aplaude.*

**COLOMBINA**
Arlecchin!

137.  ¡Arlequín!

**ARLEQUIN**
Colombina! Alfín s'arrenda
A' nostri prieghi amor!

¡
138.  Colombina! ¡Al fin fueron escuchados
nuestros ruegos!

**COLOMBINA**
Facciam merenda.

139.  Merendemos.

*Ella prepara la mesa para dos, Arlequin pone la botella sobre la mesa
y ambos se sientan mirándose de frente.*

**COLOMBINA**
Guarda, mio ben,
Che splendida
Cenetta preparai!

140.  ¡Mira, mi bien,
que espléndida
cena preparé!

**ARLEQUIN**
Guarda amor mio,
Che nettare
Divino t'apportai!
L'amor ama gli effluvii
Del vin, de la cucina!

141.  ¡Mira amor mío,
que néctar
divino te traje!
¡El amor ama los aromas
del vino y de la comida!

**ARLEQUIN**
Mia ghiotta, Colombina.

142.  Mi glotona, Colombina.

**COLOMBINA**
Amabile beon!

143.  ¡Querido borrachín!

*Saca de sus ropas una ampolleta.*

**ARLEQUIN**
Prendi questo narcotico,
Dallo a Pagliaccio
Pria che s'addormenti,
E poi fuggiamo insiem.

144.  Toma éste narcótico,
Y dalo a Payaso
antes de que se vaya a dormir,
Y luego nos fugamos juntos.

**COLOMBINA**
Si, porgi.

145.  Si, dámela.

*Entra azotando la puerta.*

**TADDEO**

Attenti!
Pagliaccio è la tutto stravalto...
Ed armi
Cerca! Ei sa tutto!
Io corro a barricarmi!

146. ¡Cuidado!
Ahí viene Payaso muy enojado...
y armado
¡Él lo sabe todo!
¡Yo corro a encerrarme!

*Corre hacia afuera.*

**COLOMBINA**

Via!

147. ¡Vete!

*Entrando por la ventana.*

**ARLEQUIN**

Versa il filtro ne la tazza sua.

148. Vierte el filtro en su taza.

*Canio con la ropa de Arlequín aparece en la puerta derecha.*

**COLOMBINA**

A stanotte
E per sempre io sarò tua!

(A la ventana.)
149. ¡Hasta ésta noche
Y por siempre seré tuya!

**CANIO**

Nome di Dio!
Quelle stesse parole! ...
Coraggio!
Un uomo era con te.

150. ¡En el nombre de Dios!
¡Son las mismas palabras! ...
¡Valor!
Un hombre estaba contigo.

**NEDDA**

Che fole!
Sei briaco?

151. ¡Que locura!
¿Este briago?

**CANIO**

Briaco?
Sì! Da una ora!...

152. ¿Briago?
¡Si, desde hace una hora!...

**NEDDA**

Tornasti presto.

153. Regresaste pronto.

**CANIO**

Ma in tempo!
T'accora,
Dolce sposina.
Ah! Sola io ti credea.

154. ¡Pero a tiempo!
Te preocupa,
dulce esposita.
¡Ah! Creía que estabas sola.

*Señalando la mesa.*

E due posti son là.

**NEDDA**
Con me sedes
Taddeo che là
Si chiuse per paura.
Orsù, parla!

*Hacia la puerta.*

**TONIO**
Credetela. Essa é pura!...
E abborre dal mentir
Quel labbro pio!

**CANIO**
Per morte!
Smettiam! Ho dritto anch'io
D'agir come ogn'altro'uomo.
Il nome suo!

**NEDDA**
Di chi?

**CANIO**
Vó il nome dell'amante tuo,
Del drudo infame
A cui ti desti in braccio
O turpe donna!

**NEDDA**
Pagliaccio! Paglaccio!

**CANIO**
No, Pagliaccio non son;
Se il viso è pallido
È di vergogna,
E smania di vendetta!
L'uom riprende i suoi diritti
Él cor che sanguina
Vuoi sangue a lavar l'onta,
O maledetta!
No. Pagliaccio non son!

Hay dos lugares ahí.

155. Conmigo estaba sentado
     Tadeo que está allá
     donde se encerró por miedo.
     ¡Vamos! ¡Habla!

156. Créele. ¡Ella es pura!...
     ¡No le gusta mentir
     con sus labios puros!

*El público rie ruidosamente.*

(*Furioso al público.*)
157. ¡Por la muerte!
     ¡Lo hiciste! Tengo derecho
     a actuar como cualquier hombre.
     ¡Su nombre!

(*Sonriente.*)
158. ¿De quién?

159. ¡Quiero el nombre de tu amante,
     el desgraciado infame
     en cuyos brazos estabas
     desvergonzada mujer!

160. ¡Payaso! ¡Payaso!

161. ¡No Payaso no soy;
     Si mi rostro está pálido
     es por vergüenza
     y sed de venganza!
     Mi hombría exige sus derechos
     Y mi corazón que sangra
     quiere sangre para lavar la afrenta,
     ¡Oh maldita!
     No. ¡Payaso no soy!

**CANIO**
Son quei che stolido
Ti raccolse
Orfanella in su la via
Quasi morta di fame,
E un nome offriati
Ed un amor
Ch'era febbre e follia!...

(continuó)
¡Soy aquel tonto
que te recogió
huérfana de la calle
casi muerta de hambre,
y que te ofreció un nombre
y un amor
febril y apasionado!...

*Cae abatido en la silla.*

**MUJERES**
Comare mi fa piangere!
Par vera questa scena!

162. ¡Comadre, me hace llorar!
¡Esta escena es muy real!

**HOMBRES**
Zitte laggiù!
Che diamine!

163. ¡Cállense ahí!
¡Qué diablos!

**SILVIO**
Io mi ritengo appena!

164. ¡Apenas me detengo!

**CANIO**
Sperai tanto il delirio
Accecato m'aveva.
Se non amor, pietà... mercé!
Ed ogni sacrificio
Al cor, lieto, imponeva,
E fidente credeva
Più che in Dio stesso, in te!
Ma il vizio alberga sol
Ne l'alma tua negletta:
Tu viscere non hai...
Sol legge è'l senso a te
Va, non meriti il mio duol,
O meretrice abbietta,
Vó ne lo sprezzo mio
Schiacciarti sotto i piè! ...

*(Muy excitado.)*
165. Espera, tanto delirio
me cegó.
¡Si no por amor, por piedad!...
Y todo el sacrificio
que alegre imponía a mi corazón,
créelo, es de fiar
¡Más que en Dios, creo en ti!
Pero el pecado se anida
en tu alma mala:
No tienes entrañas...
Solo te guían tus sentidos
Vete, no mereces mi dolor
Oh meretriz infame,
¡Tienes mi desprecio, podría
aplastarte con mi pie! ...

**LA GENTE**
Bravo!

166. ¡Bravo!

**NEDDA**

Ebben, se mi guidichi
Di te indegna,
Mi scaccia in questo istante.

167. Bien, sé mi juez
Si soy indigna de ti,
repúdiame en éste instante.

**CANIO**

Ah, ah! Di meglio chiedere
Non dèi che correr tosto
Al caro amante.
Sei furba!
No, per Dio, tu resterai
E il nome del tuo ganzo
Mi dirai.

168. ¡Ja, ja! Es lo que quisieras
para correr rápido
con tu querido amante.
¡Eres astuta!
No, por Dios, te quedaras
y el nombre de tu querido
me dirá.

*Tratando de volver al desarrollo e la función.*

**NEDDA**

Suvvia così terribile
Davver non ti credeo!
Qui nulla v'ha di tragico
Vieni a dirgli o Taddeo
Che l'uom or dianzi
A me vicino
Era... il pauroso
Ed innocuo Arlecchino!

169. ¡No sabía que llegaría a verte
así de terrible!
Aquí no ha sucedido nada trágico
Tadeo te lo dirá todo
El hombre que antes estaba
aquí conmigo
¡Era... el miedoso
e inofensivo Arlequín!

*Risa del público. Canio se enfurece mas.*

**CANIO**

Ah! Tu mi sfidi!
E ancor non l'hai capita
Ch'io non ti cedo?
Il nome, o la tua vita! Il nome!

170. ¡Ah! ¡Te burlas de mí!
¿Y de nuevo no entiendes
que no renuncio a ti?
¡El nombre, o tu vida! ¡El nombre!

**NEDDA**

No, per mia madre!
Indegna esser poss'io
Quello che vuoi,
Ma vil non son, per Dio!
Di quel tuo sdegno
È l'amor mio più forte.
Non parlerò
No... a costo de la morte!

171. ¡No, por mi madre!
Puedo ser indigna
Pero lo que quieres,
Por Dios que no lo haré
porque no soy tan vil
y mi amor es más fuerte que tu
desprecio. No hablaré
¡No... al costo de la muerte!

**VOCES DE LA GENTE**
Fanno davvero?
Sembrami seria la cosa e scura!

172. ¿Lo hacen en serio?
¡Parece muy real!

*Peppe trata de salir al escenario
pero Tonio lo detiene.*

**PEPPE**
Bisogno uscire, Tonio.

173. Debemos salir, Tonio.

**TONIO**
Taci sciocco!

174. ¡Cállate tonto!

**PEPPE**
Ho paura!...

175. ¡Tengo miedo!...

**SILVIO**
Oh, la strana commedia!
Io non resisto più! ...

176. ¡Qué extraña comedia!
¡Yo no resisto más! ...

*Tomando un cuchillo
de la mesa y gritando.*

**CANIO**
Il nome! Il nome!

177. ¡El nombre! ¡El nombre!

**NEDDA**
No!

178. ¡No!

**SILVIO**
Santo diavolo! ...
Fa davvero! ...

*(Sacando su daga.)*
179. ¡Santo diablo! ...
¡Es en serio! ...

*Las mujeres se retiran aterrorizadas,
bloqueando los pasillos lo cual dificulta que Silvio suba al escenario.
Mientras tanto Canio ha apuñalado a Nedda
en la espalda cuando trataba de correr hacia el público.*

**CANIO**
Di morte negli spasmi
Lo dirai!

180. ¡En tu espasmo de muerte
lo dirás!

**LA GENTE Y PEPPE**
Ferma!

181. ¡Detente!

**CANIO**
A te!

182. ¡Toma!

**NEDDA**
Soccorro... Silvio!

*(Cae agonizante.)*
183.  Socorro... ¡Silvio!

**SILVIO**
Nedda!

*(Casi ha llegado a la escena.)*
184.  ¡Nedda!

*Al oírlo Canio voltea hacia él y lo apuñala.*

**CANIO**
Ah! Sei tu! Ben venga!

185.  ¡Ah! ¡Eres tú! ¡Bienvenido!

*Silvio cae fulminado.*

**CORO**
Arresta! Aita!

186.  ¡Deténganlo! ¡Auxilio!

**LAS MUJERES**
Gesummaria!

187.  ¡Jesús María!

*Algunos hombres detienen a Canio,*
*él paralizado y estupefacto deja caer el cuchillo y dice:*

**CANIO**
La commedia è finita!

188.  ¡La comedia ha terminado!

F I N

# Biografia de Ruggiero Leoncavallo

Ruggiero Leoncavallo nació en Nápoles Italia el 23 de Abril de 1857.

Fue hijo de un juez que le puso por nombre: Ruggiero, Giacomo, Maria, Giuseppe, Emmanuele, Raffaele, Domenico, Vincenzo, Francesco, Donato Leoncavallo.

A los 9 años de edad ingresó al Conservatorio de Nápoles en donde fue compañero de Cilea y Giordano que también fueron compositores.

Leoncavallo fue el representante del movimiento "verista" de la ópera italiana junto con Mascagni y su *Cavalleria Rusticana*.

Escribió su primera ópera a los 18 años llamada "Chatterton" que iba a ser estrenada en Bolonia pero que por problemas con el empresario nunca se estrenó por lo que tuvo que dedicarse a dar lecciones de piano y de canto para poder sobrevivir.

En 1893 escribió su segunda ópera llamada "I Medici" que no interesó a Ricordi el editor y que tampoco se estrenó.

Estando en Paris en 1892, escribió el libreto de *I Pagliacci* basándose en un hecho de la vida real que le relató su padre que, habiendo sido juez, presidió el juicio de un actor que por celos asesinó a su esposa en Montalto Calabria.

La obra se estrenó en el Teatro del Verme de Milan el 21 de Mayo de 1892, el espectáculo tuvo un gran éxito e hizo famoso a su creador de la noche a la mañana. La ópera fue comprada por Edoardo Sonzogno e inmediatamente inició un exitoso tour alrededor del mundo. En el lapso de unos cuantos meses se presentó en los teatros de Viena, Berlin, Londres, Nueva York, México, Buenos Aires, Estocolmo y Moscú.

En 1897 estrenó su ópera *La Bohëme* pero fue superada por la versión de Puccini sobre la misma historia. Su ópera *Zaza*, la historia de un cantante parisino, tuvo cierto éxito, se estrenó en Milán en 1900, fue dirigida por Arturo Toscanini.

Leoncavallo murió en Montecattini Italia el 9 de Agosto de 1919 a los 61 años de edad.

# Acerca de Estas Traducciones

El Dr. Eduardo Enrique Prado Alcalá nació en 1937 en el norte de México, estudió la carrera de medicina y se especializó en cáncer ginecológico y cáncer de mama.

Ejerció su carrera durante 40 años y finalmente llegó a la edad del retiro.

Desde la edad de 42 años, se hizo aficionado a la ópera y a la música clásica y formó parte de un grupo de amigos aficionados a estas disciplinas. Tuvo la oportunidad de asistir a funciones operísticas en la Ciudad de México, en Guadalajara México, en Toluca México, en Mazatlán México, en Seattle, en Madrid y en Londres. Organizó en la Ciudad de Mazatlán tres conciertos de música clásica, uno de ellos en la catedral.

# Jugum Press y Traducciones de Ópera

Prensa publica estas traducciones de ópera por Dr. E.Enrique Prado:

**Vincenzo Bellini:**
*Norma*

**Georges Bizet:**
*Carmen*

**Gaetano Donizetti:**
*Anna Bolena, Don Pasquale, Lucia di Lammermoor,*
*Lucrezia Borgia*

**Ruggiero Leoncavallo:**
*I Pagliacci*

**Pietro Mascagni:**
*Cavalleria Rusticana*

**Wolfgang Amadeus Mozart:**
*Die Zauberflöte, Don Giovanni, Le Nozze di Figaro*

**Giacomo Puccini:**
*La Boheme, La Fanciulla del West, Madama Butterfly, Manon Lescaut, Tosca*
*El Tríptico: Gianni Schicchi, Suor Angelica, Il Tabarro*

**Giacchino Rossini:**
*Il Barbiere Di Siviglia, La Cenerentola*

**Giuseppe Verdi:**
*Aida, Un Ballo in Maschera, Don Carlo, Ernani, Falstaff, La Forza del Destino,*
*I Lombardi, Macbeth, Nabucco, Otello, Rigoletto, Simon Boccanegra, La Traviata,*
*Il Trovatore*

Para información y disponibilidad, por favor vea
www.operaenespanol.com
Correo: JugumPress@outlook.com
Síganos en Twitter: @jugumpress
Regístrate para nuestras noticias: http://eepurl.com/5m7tj

www.ingramcontent.com/pod-product-compliance
Lightning Source LLC
Chambersburg PA
CBHW081304040426

42452CB00014B/2638